AVERSO

MÍSTICAS

AMADO NERVO

Número 25 de la Colección **AVERSO POESÍA**

Místicas

Edición al cuidado de Averso Poesía
www.aversopoesia.com

hola@aversopoesia.com

Primera edición: enero de 2024
ISBN: 978-84-10027-18-3
Depósito Legal: GR 139-2024

Imagen de cubierta: Angel statue in Florence. *Rawpixel.*

Impreso en España - *Printed in Spain*

El papel utilizado para la impresión de este libro está calificado como papel ecológico y procede de bosques gestionados de manera sostenible.

MÍSTICAS

AMADO NERVO

Introito

¡Oh, las rojas iniciales
que ornáis las salmos triunfales
en breviarios y misales!

¡Oh, casullas que al reflejo
de los cirios, en cortejo
vais mostrando el oro viejo!

¡Oh, vitrales policromos
fileteados de plomos,
que brilláis bajo los domos!

¡Oh, custodias rutilantes,
con topacios y diamantes!
¡Oh, copones rebosantes!

¡Oh, *Dies irae* tenebroso!
¡Oh, *Miserere* lloroso!
¡Oh, *Te Deum* glorioso!

Me perseguís cuando duermo,
me rodeáis si despierto...
Tenéis mi espíritu yermo,
muy enfermo..., muy enfermo...,
casi muerto..., casi muerto...

Predestinación

Para Ciro B. Ceballos

Grabó sobre mi faz descolorida
su *Mané Thecel Phares* el Dios fuerte,
y me agobian dos penas sin medida:
un disgusto infinito de la vida,
y un temor infinito de la muerte.

¿Ves cómo tiendo en rededor los ojos?
¡Ay, busco abrigo con esfuerzos vanos...!
¡En medio de mi ruta, sólo abrojos!
¡Al final de mi ruta, sólo arcanos!

¿Qué hacer cuando la vida me repela
si la pálida muerte me acobarda?
Digo a la vida: sé piadosa, vuela...
Digo a la muerte: ¡sé piadosa, tarda!

¡Estaba escrito así! No más te afanes
por borrar de mi faz el torvo estigma;
impélenme furiosos huracanes,
y voy, entre los brazos de Ahrimanes,
a las fauces hambrientas del Enigma.

Obsesión

Hay un fantasma que siempre viste
luctuosos paños, y con acento
cruel de Hamlet a Ofelia triste,
me dice: ¡Mira, vete a un convento!

Y me horroriza prestarle oídos,
pues al conjuro de su palabra,
pueblan mi mente descoloridos
y enjutos frailes de faz macabra;

y dicen salmos penitenciales
y se flagelan con cadenillas,
y los repliegues de sus sayales
semejan antros de pesadillas...

En vano aquella visión resiste
el alma, loca de sufrimiento:
los frailes rondan, la voz persiste,
y como Hamlet a Ofelia triste,
me dice: ¡Mira, vete a un convento!

Gótica

Para Balbino Dávalos

Solitario recinto de la abadía;
tristes patios, arcadas de recias claves,
desmanteladas celdas, capilla fría
de historiados altares, de sillería
de roble, domo excelso y obscuras naves;

solitario recinto: ¡cuántas pavesas
de amores que ascendieron hasta el pináculo
donde mora el Cordero, guardan tus huesas...!
Heme aquí con vosotras, las abadesas
de cruces pectorales y de áureo báculo...

Enfermo de la vida, busco la plática
con Dios, en el misterio de su santuario:
tengo sed de idealismo... Legión extática,
de monjas demacradas de faz hierática,
decid: ¿aún vive Cristo tras el sagrario?

Levantaos del polvo, llenad el coro;
los breviarios aguardan en los sitiales,
que vibre vuestro salmo limpio y sonoro,
en tanto que el Poniente nimba de oro
las testas de los santos en los vitrales...

¡Oh claustro silencioso, cuántas pavesas
de amores que ascendieron hasta el pináculo
donde mora el Cordero, guardan tus huesas...!
Oraré mientras duermen las abadesas
de cruces pectorales y de áureo báculo...

Azrael

Now I must sleep...
Byron

Azrael, abre tu ala negra y honda,
cobíjeme su palio sin medida,
y que a su abrigo bienhechor se esconda
la incurable tristeza de mi vida.

Azrael, ángel bíblico, ángel fuerte,
ángel de redención, ángel sombrío,
ya es tiempo que consagres a la muerte
mi cerebro sin luz: altar vacío...

Azrael, mi esperanza es una enferma;
ya tramonta mi fe; llegó el ocaso,
ven, ahora es preciso que yo duerma...
¿Morir... dormir..., dormir?... ¡Soñar acaso!

Ruptura tardía

Ya no más en las noches, en las noches glaciales
que agitaban los rizos de azabache en tu nuca,
soñaremos unidos en los viejos sitiales.

Ya no más en las tardes frías, quietas y grises,
pediremos mercedes a la Virgen caduca,
la de manto de plata salpicado de lises.

¡Ay! Es fuerza que ocultes ese rostro marmóreo:
vida y luz, en un claustro de penumbras austeras
donde pesa en las almas todo el hielo hiperbóreo.

Nos amábamos mucho; mas tu amor me perdía;
¡nos queríamos tanto...! Mas así me perdieras,
y rompimos el lazo que al placer nos unía.

¡Es preciso! Muramos a las dichas humanas;
¡seguiré mi camino, muy penoso y muy tardo,
sin besar tus pupilas, tus pupilas arcanas!

Plegue a Dios cuando menos que algún día, señora,
muerto ya, te visite, como Pedro Abelardo
visitó, ya cadáver, a Eloísa la Priora.

Intra vulnera tua absconde me

La desventura me quitó el regalo
y la serena paz de la existencia,
y sembré muchos odios; mi conciencia
clamaba sin cesar: ¡Eres muy malo!

Después, la dicha me libró del cieno:
un rayito de sol doró mi frente,
y sembré mucho amor, y dulcemente
clamaba mi conciencia: ¡Eres muy bueno!

«¡Ay! —me dije, con tono de reproche—,
qué menguada virtud la que me alienta
si sólo en el placer abre su broche...».

¡Hoy bendigo a Jesús en la tormenta,
hoy su roto costado es mi sangrienta
guarida, en lo infinito de mi noche!

Apocalíptica

> Y juró por el que vive en los siglos de los siglos,
> que no habrá más tiempo...

I

Y vi las sombras de los que fueron,
en sus sepulcros, y así clamaron:
«¡Ay, de los vientres que concibieron!
¡Ay, de los senos que amamantaron!».

II

«La noche asperja los cielos de oro;
màs cada estrella del negro manto
es una gota de nuestro lloro...
¿Verdad que hay muchas? ¡Lloramos tanto...!».

III

«¡Ay, de los seres que se quisieron
y en mala hora nos engendraron!
¡Ay, de los vientres que concibieron!
¡Ay, de los senos que amamantaron!».

IV

Hui angustiado, lleno de horrores;
pero la turba conmigo huía,
y con sollozos desgarradores
su *ritornello* feroz seguía.

V

«¡Ay, de los seres que se quisieron
y en mala hora nos engendraron!
¡Ay, de los vientres que concibieron!
¡Ay, de los senos que amamantaron!».

VI

Y he aquí los astros —¡chispas de fraguas
del viejo cosmos!— que descendían
y, al apagarse sobre las aguas,
en hiel y absintio las convertían.

VII

Y a los fantasmas su voz unieron
los Siete Truenos; estremecieron
el Infinito y así clamaron:
«¡Ay, de los vientres que concibieron!
¡Ay, de los senos que amamantaron!».

A Rancé, reformador de la Trapa

Para el padre Pagaza

Es preciso que tornes de la esfera sombría
con los flavos destellos de la Luna, que escapa,
cual la momia de un mundo, de la azul lejanía;
es preciso que tornes y te vuelvas mi guía
y me des un refugio, ¡por piedad!, en la Trapa.

Si lo mandas, ¡oh padre!, si tu regla lo ordena,
cavaré por mi mano mi sepulcro en el huerto,
y al amparo infinito de la noche serena
vagaré por sus bordes como el ánima en pena,
mientras lloran los bronces con un toque de muerto...

La leyenda refiere que tu triste mirada
extinguía los duelos y las ansias secretas,
y yo guardo aquí dentro, como en urna cerrada,
desconsuelos muy hondos, mucha hiel concentrada,
y la fiera nostalgia que tocó a los poetas...

Viviré de silencio —el silencio es la plática
con Jesús, escribiste: tal mi plática sea
y mezclado a tus frailes, con su turba hierática
gemirá *De profundis* la voz seca y asmática
que fue verbo: ese verbo que subyuga y flamea.

¡Ven, abad incurable, gran asceta, yo quiero
anegar mis pupilas en las tuyas de acero,
aspirar el efluvio misterioso que escapa
de tus miembros exangües, de tu rostro severo,
y sufrir el contagio de la paz de tu Trapa!

Mater alma

Que tus ojos radien sobre mi destino,
que tu veste nívea, que la luz orló,
ampare mis culpas del torvo Dios Trino:
¡Señora, te amo! ¡Ni el grande Agustino
ni el tierno Bernardo te amaron cual yo!

Que la Luna, octante de bruñida plata,
escabel de plata de tu piel real,
por mi noche bogue, por mi noche ingrata,
y en su sombra sea místico fanal.

Que los albos lises de tu vestidura
el erial perfumen de mi senda dura,
y por ti mi vida brillará tan pura
cual los lises albos de tu vestidura.

Te daré mis versos: floración tardía;
mi piedad de niño: floración de abril;
e irán a tu solio, dulce madre mía,
mis castos amores en blanca teoría,
con cirio en las manos y toca monjil.

Oremus

Para Bernardo Couto Castillo

Oremos por las nuevas generaciones,
abrumadas de tedios y decepciones;
con ellas en la noche nos hundiremos.
Oremos por los seres desventurados,
de moral impotencia contaminados...
    ¡Oremos!

Oremos por la turba que a cruel prueba
sometida, se abate sobre la gleba;
galeote que agita siempre los remos
en el mar de la vida revuelto y hondo,
danaide que sustenta tonel sin fondo...
    ¡Oremos!

Oremos por los místicos, por los neuróticos
nostálgicos de sombra, de templos góticos
y de cristos llagados, que con supremos
desconsuelos recorren su ruta fiera,
levantando sus cruces como bandera.
    ¡Oremos!

Oremos por los que odian los ideales,
por los que van cegando los manantiales
de amor y de esperanza de que bebemos,
y derrocan al Cristo con saña impía,

y después lloran, viendo el ara vacía.
    ¡Oremos!

Oremos por los sabios, por el enjambre
de artistas exquisitos que mueren de hambre.
¡Ay!, el pan del espíritu les debemos,
aprendimos por ellos a alzar las frentes,
y helos pobres, escuálidos, tristes, dolientes...
    ¡Oremos!

Oremos por las células de donde brotan
ideas-resplandores, y que se agotan
prodigando su savia: no las burlemos.
¿Qué fuera de nosotros sin su energía?
Oremos por el siglo, por su agonía
del Suicidio en las negras fauces...
    ¡Oremos!

Transmigración

MMMM ant. Christ
MDCCC post. Christ

A veces, en sueños, mi espíritu finge
escenas de vidas lejanas:
yo fui un sátrapa egipcio de rostro de esfinge,
de mitra dorada, y en Menfis viví.

Ya muerto, mi alma siguió el vuelo errático,
ciñendo en Solima, y a Osiris infiel,
la mitra bicorne y el efod hierático
del gran sacerdote del Dios de Israel.

Después, mis plegarias alcé con el druida
y en bosque sagrado Velleda me amó.
Fui rey merovingio de barba florida;
corona de hierro mi sien rodeó.

Más tarde, trovero de nobles feudales.
canté sus hazañas, sus lances de honor,
yanté a la su mesa, y en mil bacanales
sentíme beodo de vino y de amor.

Y ayer, prior esquivo y austero los labios
al Dios eucarístico, temblando acerqué:
por eso conservo piadosos resabios,
y busco el retiro siguiendo a los sabios
y sufro nostalgias inmensas de fe.

Requiem

Para José M. Ochoa

¡Oh, Señor!, Dios de los ejércitos,
eterno Padre, eterno Rey,
por este mundo que creaste
con la virtud de tu poder,
porque dijiste: la luz sea,
y a tu palabra la luz fue;
porque coexistes con el Verbo,
porque contigo el Verbo es
desde los siglos de los siglos
y sin mañana y sin ayer,
requiem aeternam dona eis, Domine,
et luz perpetua luceat eis.

¡Oh, Jesucristo, por el frío
de tu pesebre de Belem,
por tus angustias en el Huerto,
por el vinagre y por la hiel,
por las espinas y las varas
con que tus carnes desgarré,
y por la cruz en que borraste
todas las culpas de Israel;
Hijo del Hombre, desolado,
trágico Dios, tremendo Juez:
requiem aeternam dona eis, Domine,
et lux perpetua luceat eis.

Divino Espíritu, Paráclito,
aspiración del gran Iaveh,
que unes al Padre con el Hijo,
y siendo Uno sois los Tres:
por las palomas de alas níveas,
por la inviolada doncellez
de aquella virgen que en su vientre
llevó a Mesías Emmanuel;
por las ardientes lenguas rojas
con que inspiraste ciencia y fe
a los discípulos amados
de Jesucristo, nuestro bien:
requiem aeternam dona eis, Domine,
et lux perpetua luceat eis.

Delicta carnis

Carne, carne maldita que me apartas del cielo;
carne tibia y rosada que me impeles al vicio;
ya rasgué mis espaldas con cilicio y flagelo
por vencer tus impulsos, y es en vano, ¡te anhelo
a pesar del flagelo y a pesar del cilicio!

Crucifico mi cuerpo con sagrados enojos,
y se abraza a mis plantas Afrodita la impura;
me sumerjo en la nieve, mas la templan sus ojos;
me revuelco en un tálamo de punzantes abrojos,
y sus labios lo truecan en deleite y ventura.

Y no encuentro esperanza, ni refugio ni asilo,
y en mis noches, pobladas de febriles quimeras,
me persigue la imagen de la Venus de Milo,
con sus lácteos muñones, con su rostro tranquilo
y las combas triunfales de sus amplias caderas.

¡Oh Señor Jesucristo, guíame por los rectos
derroteros del justo; ya no turben con locas
avideces la calma de mis puros afectos
ni el caliente alabastro de los senos erectos,
ni el marfil de los hombros, ni el coral de las bocas!

A Némesis

Tu brazo en el pesar me precipita,
me robas cuanto el alma me recrea,
y casi nada tengo: flor que orea
tu aliento de simún, se me marchita.

Pero crece mi fe junto a mi cuita,
y digo como el Justo de Idumea:
así lo quiere Dios, ¡bendito sea!
El Señor me lo da, Él me lo quita.

Que medre tu furor, nada me importa:
puedo todo en AQUEL que me conforta,
y me resigno al duelo que me mata;

Porque, roja visión en noche oscura,
Cristo va por mi vía de amargura
agitando su túnica escarlata.

Antífona

Anima loquens

Para Antenor Lescano

¡Oh, Señor! Yo en tu Cristo busqué un esposo que me quisiera;
le ofrendé mis quince años, mi sexo núbil; violó mi boca,
y por Él ha quedado mi faz de nácar como la cera,
mostrando palideces de viejo cirio bajo mi toca.

¡Mas Satán me persigue y es muy hermoso! Viene de fuera
y ofreciéndome el cáliz de la ignominia, me vuelve loca...
¡Oh, Señor!, no permitas que bese impío mi faz de cera,
que muestra palideces de viejo cirio bajo mi toca...

Ya en las sombras del coro cantar no puede mi voz austera
los litúrgicos salmos, mi alma está estéril como una roca;
mi virtud agoniza, mi fe sucumbe, Satán espera...
¡Oh, Señor, no permitas que bese impío mi faz de cera,
que muestra palidez de viejo cirio bajo mi toca!

A sor Quimera

Para Luis G. Urbina

Pallida, sed quamvis pallida pulchra tamen

I

En nombre de tu rostro de lirio enfermo,
en nombre de tu seno, frágil abrigo
donde en noches pobladas de espanto duermo,
¡yo te bendigo!

En nombre de tus ojos de adormideras,
doliente y solitario fanal que sigo;
en nombre de lo inmenso de tus ojeras,
¡yo te bendigo!

II

Yo te dedico
el ímpetu orgulloso con que en las cimas
de todos los calvarios, me crucifico
iluso ¡pretendiendo que te redimas!

Yo te consagro
un cuerpo que martirio sólo atesora
y un alma siempre oscura, que por milagro,
del cáliz de ese cuerpo no se evapora...

III

Mujer, tu sangre yela mi sangre cálida;
mujer, tus besos fingen besos de estrella;
mujer, todos me dicen que eres muy pálida,
pero muy bella...

Te hizo el Dios tremendo mi desposada;
ven, te aguardo en un lecho nupcial de espinas;
no puedes alejarte de mi jornada,
porque une nuestras vidas ensangrentada
cadena de cilicios y disciplinas.

El beso fantasma

Para Rubén M. Campos

Yo soñé con un beso, con un beso postrero
en la lívida boca del Señor solitario
que desgarra sus carnes sobre el tosco madero
en el nicho más íntimo del vetusto santuario.

Cuando invaden las sombras el tranquilo crucero,
parpadea la llama de la luz del sagrario,
y agitando en el puño su herrumbroso llavero,
se dirige a las puertas del recinto el ostiario.

Con un beso infinito, cual los besos voraces
que se dan los amados en la noche de bodas,
enredando sus cuerpos como lianas tenaces...

Con un beso que fuera mi *palladium* bendito
para todas las ansias de mi ser, para todas
las caricias bermejas que me ofrece el delito.

A Felipe II

Para Rafael Delgado

Ignoro qué corriente de ascetismo,
qué relación, qué afinidad impura
enlazó tu tristura y mi tristura
y adunó tu idealismo y mi idealismo.

Más sé por intuición que un astro mismo
ha presidido nuestra noche oscura,
y que en mí como en ti libra la altura
un combate fatal con el abismo.

¡Oh, rey; eres mi rey! Hosco y sañudo
también soy; en un mar de arcano duelo
mí luminoso espíritu se pierde,

y escondo como tú, soberbio y mudo,
bajo el negro jubón de terciopelo,
el cáncer implacable que me muerde.

Anathema sit

Para Jesús Urueta

I

Si negare alguno que Santa María,
del Dios Paracleto paloma que albea,
concibió sin mengua de su doncellía,
 ¡anatema sea!

Anatema los que burlan el prodigio sin segundo
de la flor intacta y úber que da fruto siendo yema;
que los vientres que conozcan, como légamo infecundo,
no le brinde sino espurias floraciones. ¡Anatema!

II

Si alguno dijere que Cristo divino
por nos pecadores no murió en Judea
ni su cuerpo es hostia, ni su sangre vino,
 ¡anatema sea!

Anatema los que ríen de oblaciones celestiales
en que un Dios, loco de amores, es la víctima suprema;
que no formen para ellos ni su harina los trigales,
ni sus néctares sabrosos los viñedos. ¡Anatema!

III

Si alguno afirmare que el alma no existe,
que en los cráneos áridos perece la idea,
que la luz no surge tras la sombra triste,
¡anatema sea!

Anatema los que dicen al mortal que tema y dude,
anatema los que dicen al mortal que dude y tema;
que en la noche de sus duelos ni un cariño los escude,
ni los bese la esperanza de los justos. ¡Anatema!

A Kempis

Sicut nubes, quasi naves, velut umbra...

Ha muchos años que busco el yermo,
ha muchos años que vivo triste,
ha muchos años que estoy enfermo,
¡y es por el libro que tú escribiste!

¡Oh Kempis, antes de leerte, amaba
la luz, las vegas, el mar Océano;
mas tú dijiste que todo acaba,
que todo muere, que todo es vano!

Antes, llevado de mis antojos,
besé los labios que al beso invitan,
las rubias trenzas, los grandes ojos,
¡sin acordarme que se marchitan!

Mas como afirman doctores graves,
que tú, maestro, citas y nombras
que el hombre pasa como las naves,
como las nubes, como las sombras...

Huyo de todo terreno lazo,
ningún cariño mi mente alegra,
y con tu libro bajo del brazo
voy recorriendo la noche negra...

¡Oh Kempis, Kempis, asceta yermo,
pálido asceta, qué mal hiciste!
¡Ha muchos años que estoy enfermo,
y es por el libro que tú escribiste!

Poetas místicos

Para Jesús E. Valenzuela

Bardos de frente sombría
y de perfil desprendido
de alguna vieja medalla;

los de la gran señoría,
los de mirar distraído,
los de la voz que avasalla.

Teólogos graves e intensos,
vasos de amor desprovistos,
vasos henchidos de penas;

los de los ojos inmensos,
los de las caras de cristos,
los de las grandes melenas:

mi musa, la virgen fría
que vuela en pos del olvido,
tan sólo embelesos halla

en vuestra gran señoría,
vuestro mirar distraído
y vuestra voz que avasalla.

Mi alma que os busca entrevistos
tras de los leves inciensos,
bajo las naves serenas,

ama esas caras de cristos,
ama esos ojos inmensos
ama esas grandes melenas.

A la Católica Majestad de Paul Verlaine

Para Rubén Darío

Padre viejo y triste, rey de las divinas canciones:
son en mi camino focos de una luz enigmática
tus pupilas mustias, vagas de pensar y abstracciones,
y el límpido y noble marfil de tu testa socrática.

Flota, como el tuyo, mi afán entre dos aguijones:
alma y carne; y brega con doble corriente simpática
para hallar la ubicua beldad en nefandas uniones,
y después expía y gime con lira hierática.

Padre, tú que hallaste por fin el sendero, que, arcano,
a Jesús nos lleva, dame que mi numen doliente
virgen sea, y sabio, a la vez que radioso y humano.

Tu virtud lo libre del mal de la antigua serpiente,
para que, ya salvos al fin de la dura pelea,
laudemos a Cristo en vida perenne. Así sea.

Esquiva

Para M. Larrañaga y Portugal

¡No te amaré! Muriera de sonrojos
antes bien, yo que fui cantar maldito
de blancas hostias y de nimbos rojos;
yo que sólo he alentado los antojos
de un connubio inmortal con lo infinito.

¡No te amaré! Mi espíritu atesora
el perfume sutil de otras edades
de realeza y de fe consoladora,
y ese noble perfume se evapora
al beso de mezquinas liviandades.

Mi mundo no eres tú: fueron los priores
militantes, caudillos de sus greyes;
el mundo en que, magníficos señores,
fulminaron los Papas triunfadores
su anatema fatal contra los reyes.

Fue la etapa viril en que se cruza,
con Bayardo que esgrime su tizona,
Escot que sus dialécticas aguza:
la edad en que la negra caperuza
forjaba el silogismo en la Sorbona.

Y no sé de pasión, y me contrista
vibrar la lira del amor precario.
¡Sólo brotan mis versos de amatista
al beso de Daniel, el simbolista,
y al ósculo de Juan, el visionario!

Celoso

Bien sé, devota mujer,
cuando te contemplo en tus
fervores y celo arder,
que no me puedes querer
como quieres a Jesús.

Bien sé que es vano soñar
con el edén entrevisto
de tu boca, sin cesar,
y tengo celos de Cristo
cuando vas a comulgar.

Pero sé también que son,
por mi mal y por tu daño,
piedades y devoción,
caretas con que el engaño
te disfraza el corazón.

Y comprendo, no te asombre,
que hay en tu espíritu dos
cultos con un solo nombre,
que rezas al hombre-Dios
y sueñas con el Dios-hombre;

y el ardor de que me llenas
acabará por quemar
todo el jugo de mis venas;

y, por no quererme amar,
tú te vas a condenar
y a mí también me condenas.

Parábola

Para Ezequiel A. Chávez

Jesucristo es el buen Samaritano:
yo estaba malherido en el camino,
y con celo de hermano,
ungió mis llagas con aceite y vino;
después, hacia el albergue, no lejano,
me llevó de la mano,
en medio del silencio vespertino.

Llegados, apoyé con abandono
mi cabeza en su seno,
y Él me dijo muy quedo: «Te perdono
tus pecados, ve en paz; sé siempre bueno
y búscame: de todo cuanto existe
yo soy el manantial, el ígneo centro...».
Y repliqué, muy pálido y muy triste:
—«¿Señor, a qué buscar si nada encuentro?
¡Mi fe se me murió cuando partiste,
y llevo su cadáver aquí dentro!».

«Estando Tú conmigo viviría...
Mas tu verbo inmortal todo lo puede:
dila que surja en la conciencia mía,
resucítala, ¡oh Dios, era mi guía!».

Y Jesucristo respondió: —Ya hiede—.

Al Cristo

Señor, entre la sombra voy sin tino;
la fe de mis mayores ya no vierte
su apacible fulgor en mi camino:
¡mi espíritu está triste hasta la muerte!

Busco en vano una estrella que me alumbre;
busco en vano un amor que me redima;
mi divino ideal está en la cumbre,
y yo, ¡pobre de mí!, yazgo en la sima...

La lira que me diste, entre las mofas
de los mundanos, vibra sin concierto;
¡se pierden en la noche mis estrofas,
como el grito de Agar en el desierto!

Y paria de la dicha y solitario,
siento hastío de todo cuanto existe...
Yo, Maestro, cual tú, subo al Calvario,
y no tuve Tabor, cual lo tuviste...

Ten piedad de mi mal; dura es mi pena;
numerosas las lides en que lucho;
fija en mi tu mirada que serena,
y dame, como un tiempo a Magdalena,
la calma: ¡yo también he amado mucho!

Venite, adoremus

Para Antonio Zaragoza

Adoremos las carnes de marfiles,
adoremos los rostros de perfiles
arcaicos: aristócrata presea;
las frentes de oro pálido bañadas,
las manos de falanges prolongadas,
donde la sangre prócer azulea.

Venid, adoremos
el arcano Ideal, compañeros.

Adoremos los ojos dilatados,
cual piélago de sombras, impregnados
de claridades diáfanas y astrales,
los ojos que abrillanta el histerismo,
los ojos que en el día son abismo
los ojos que en la noche son fanales.

Venid, adoremos
el arcano Ideal, compañeros.

Adoremos las almas siempre hurañas,
las más silenciosas, las extrañas
que jamás en amores se difunden:
almas-urnas de inmensos desconsuelos,

que intactas se remontan a los cielos,
o intactas en el Cocito se hunden.
Venid, adoremos
el arcano Ideal, compañeros.

¡Oh poetas, excelsos amadores
del arcano Ideal, dominadores
de la forma rebelde: laboremos
por reconstruir los góticos altares,
y luego a sus penumbras tutelares
venid adoremos!

Incoherencias

Para José I. Bandera

Yo tuve un ideal, ¿en dónde se halla?
Albergué una virtud, ¿por qué se ha ido?
Fui templario, ¿do está mi recia malla?
¿En qué campo sangriento de batalla
me dejaron así, triste y vencido?

¡Oh, Progreso, eres luz! ¿Por qué no llena
su fulgor mi conciencia? Tengo miedo
a la duda terrible que envenena,
y me miras rodar sobre la arena
¡y, cual hosca vestal, bajas el dedo!

¡Oh!, siglo decadente, que te jactas
de poseer la verdad; tú que haces gala
de que con Dios y con la muerte pactas,
devuélveme mi fe, yo soy un Chactas
que acaricia el cadáver de su Atala...

Amaba y me decías: «analiza».
Y murió mi pasión. Luchaba fiero
con Jesús por coraza, y en la liza
desmembró mi coraza, triza a triza,
el filo penetrante de tu acero.

¡Tengo sed de saber y no me enseñas;
tengo sed de avanzar y no me ayudas;
tengo sed de creer y me despeñas
en el mar de teorías en que sueñas
hallar las soluciones de tus dudas!

Y caigo, bien lo ves, y ya no puedo
batallar sin amor, sin fe serena
que ilumine mi ruta, y tengo miedo...
¡Acógeme, por Dios! Levanta el dedo,
vestal, ¡que no me maten en la arena!

Un Padrenuestro

Por el alma del rey Luis de Baviera. En el lugar de su tránsito. Schlossberg. Reino de Baviera.

Aquí fue donde el rey Luis Segundo
de Baviera, sintiendo el profundo
malestar de invencibles anhelos,
puso fin a su imperio en el mundo.

Padre nuestro que estás en los Cielos.

Un fanal con un cristo, en un claro
del gran parque, al recuerdo da amparo,
y al caer sobre el lago los velos
de la noche, el recuerdo es un faro.

Padre nuestro que estás en los Cielos.

En el lago tiritan las ondas,
en el parque se mueren las frondas
y ya muertas abaten sus vuelos:
que tristezas tan hondas... tan hondas...

Padre nuestro que estás en los Cielos.

¡Pobre rey de los raros amores!
Como nadie sintió sus dolores,
como nadie sufrió sus desvelos.
Le inventaron un mal los doctores.

Padre nuestro que estás en los Cielos.

Su cerebro de luz era un foco;
mas un nimbo surgió poco a poco
de esa luz, y la turba, con celos
murmuró: «Wittelsbach está loco».

Padre nuestro que estás en los Cielos.

Sólo Wagner le amó como hermano,
sólo Wagner, cuya alma-océano
su conciencia inundó de consuelos,
y su vida fue un lied wagneriano.

Padre nuestro que estás en los Cielos,
santificado sea el tu nombre,
venga a nos el tu reino...

En el camino

Me levantaré e iré a mi padre
Para Leopoldo Lugones

I
RESUELVE TORNAR AL PADRE

No temas, Cristo rey, si descarriado
tras locos ideales he partido:
en mis días de lágrimas de olvido,
ni en mis horas de dicha te he olvidado.

En la llaga cruel de tu costado
quiere formar el ánima su nido,
olvidando los sueños que ha vivido
y las tristes mentiras que ha soñado.

A la luz del dolor que ya me muestra
mi mundo de fantasmas vuelto escombros,
de tu místico monte iré a la falda,

con un báculo: el tedio, en la siniestra;
con andrajos de púrpura en los hombros,
con el haz de quimeras a la espalda.

II

DE CÓMO SE CONGRATULARÁN DEL RETORNO

Tornaré como el pródigo doliente
a tu heredad tranquila; ya no puedo
la piara cultivar, y al inclemente
resplandor de los soles tengo miedo.

Tú saldrás a encontrarme diligente;
de mi mal te hablaré, quedo, muy quedo...
y dejarás un ósculo en mi frente
y un anillo de nupcias en mi dedo;

y congregando del hogar en torno
a los viejos amigos del contorno,
mientras yantan risueños a tu mesa,

clamarás con profundo regocijo:
«¡Gozad con mi ventura, porque el hijo
que perdido llorábamos, regresa!».

III

PONDERA LO INTENSO DE LA FUTURA VIDA INTERIOR

¡Oh, sí! Yo tornaré; tu amor estruja
con invencible afán al pensamiento,
que tiene hambre de paz y de aislamiento
en la mansa quietud de la cartuja.

¡Oh, si! Yo tornaré; ya se dibuja
en el fondo del alma, ya presiento
la plácida silueta del convento
con su albo domo y su gentil aguja...

Ahí, solo por fin conmigo mismo,
escuchando en las voces de Isaías
tu clamor insinuante que me nombra,

¡Cómo voy a anegarme en el mutismo,
cómo voy a perderme en las crujías,
cómo voy a fundirme con la sombra!

Hymnus

Para Francisco de P. Taboada

Magnus honor, magna gloria
Te adamare, omnia creata
judicare transitoria.

Felix anima ac beata
quae de mundo se ipsa cavet
et solatia sola habet
in Te, Redemptor peccata.

Rex caelestis, Vir doloris,
benedictus sis, quia estis
Cum Maria fonte amoris...
Vir doloris, Rex caelestis.

Ultima verba
El alma y Cristo

EL ALMA

—Señor, ¿por qué si el mal y el bien adunas,
para mí solo hay penas turbadoras?
La noche es negra, pero tiene lunas;
¡el polo es triste, pero tiene auroras!
El látigo fustiga, pero alienta;
el incendio destruye, pero arde,
¡y la nube que fragua la tormenta
se tiñe de arreboles en la tarde!

CRISTO

—¡Insensato! Y yo estoy en tus dolores,
soy tu mismo penar, tu de lo mismo;
mi faz en tus angustias resplandece...
Se pueblan los espacios de fulgores
y desgarra sus velos el abismo.

EL ALMA embelesada

—¡Luz...!

CRISTO

—Yo enciendo las albas.
¡Amanece!

ÍNDICE

Este libro se terminó de editar en Granada
en enero de 2023 por

www.aversopoesia.com
hola@aversopoesia.com